Noëlle Le Guillouzic

la Somme et sa baie

Pour Victor et Martin

Domaine de Fontgisclar, Draille de Magne
13570 BARBENTANE

ISBN 2-84135-410-5

Noëlle Le Guillouzic

la Somme et sa baie

ÉQUINOXE

un soir d'été
au parc de la Bouvaque
Abbeville

AVANT-IMAGES

Il y a des régions qui sont belles !... très belles même, mais qui ne vous émeuvent pas vraiment.
En revanche, il y en a d'autres qui vous « bouleversent » littéralement. C'est exactement ce que j'ai ressenti en m'installant, par le plus pur des hasards dans la Somme.
Je ne connaissais pas ce pays et, j'éprouvais de l'appréhension à m'y établir. J'ignorais alors que commencerait une vraie histoire d'amour !
Cette région, j'ai voulu la découvrir, sans chercher ce qu'il fallait « absolument voir », sans étudier de guides touristiques... et, un an après j'éprouve toujours le même plaisir à l'explorer.
J'y ai vu des choses tellement extarordinaires, dans des endroits tellement perdus que, très vite j'ai eu envie d'en garder des traces : des croquis ou des photos qui, ensuite me servaient de point de départ pour de nouvelles illustrations et de nouvelles balades « intérieures ».
Ainsi, je voyageais encore et encore par l'esprit, par la pensée. J'éprouve toujours le besoin d'aller au plus profond de ses chemins creux, de voler un peu de son mystère, de la découvrir comme un livre que l'on ouvre.
A votre tour, au fil de ces quelques pages, laissez-vous aller, laissez-vous « posséder » et, si ces dessins vous inspirent, venez constater à quel point la réalité est plus belle encore ! Venez écouter le « bruit du silence », sentir les odeurs de la mer et de la terre mêlées.

...les jardins de Maizicourt,
ou, la beauté disciplinée

--- et la vallée de l'Authie
le moulin de Maintenay,
près d'Argoules
---ici les soldats
des monuments aux
morts ont le
"rose aux joues"
--- et au détour d'un
chemin creux, cette ferme aux
allures de château -

– les jardins de Valloires – ARGOULES

St RIQUIER
-l'abbatiale-

... l'un des plus beaux exemples de gothique flamboyant du département. Une façade "aveugle" (XVIe siècle) a rendu possible cette extraordinaire profusion ornementale... on peut y voir une cinquantaine de statues en pied!

- St Riquier est un petit bourg plein de charme et qui a encore beaucoup de "trésors" à vous dévoiler!

– ABBEVILLE –
la gare construite en 1867 (inscrite à l'inventaire des monuments historiques)
une architecture "bains de mer" de la belle époque, qui me fait penser aux façades de Mers-les-Bains
le château de Bagatelle

... et mon coup de coeur,

... que l'on peut découvrir au musée
Boucher de Perthes

- à l'aérodrome de BUIGNY St MACLOU, (près d'Abbeville),
c'est le grand jour, ... venez avec moi survoler la baie de
Somme en U.L.M
frisson garanti !
mon pilote :
Laurent Thommeret
les U.L.M
Pierre Darras
le 2ème pilote
prêts pour le départ ?

... avant de décoller, je voudrais vous raconter une histoire, celle de Laurent Thommeret et de son oie cendrée : "Belle" (c'est le nom qu'il lui a donné) a aujourd'hui 7 ans. Il l'a élevée et apprivoisée, et, à force d'efforts et de persévérance, elle peut, maintenant voler près de lui... mais toujours sans quitter Laurent du regard. Il m'a expliqué comment il était arrivé à ce résultat. 1) Toute petite, elle dormait près de son lit, et, ne le quittait jamais, au point de le considérer comme sa "mère". 2) Ils ont couru ensemble dans les champs, 3) puis il a pris son vélo et Belle a dû voler pour le suivre 4) de plus en plus vite et de plus en plus haut 5) Puis il a pris son camion. elle volait près du rétroviseur, sans le quitter du regard. 6) puis le delta-plane 7) puis sur ses genoux dans l'U.L.M et enfin à côté de l'U.L.M.
(aile delta → 30 Km/h (trop lent), U.L.M → 55 Km/h = mieux pour Belle)

--- je vous livre en vrac
les paysages que j'ai découverts de tout là-haut ...
avec, tout de même quelques légendes pour vous orienter.

"la chapelle des marins" à St VALERY
(belle mosaïque de damiers de silex)

le port du CROTOY

le phare de Brighton, à CAYEUX-SUR-MER

le hâble d'Ault

... d'une richesse et d'un intérêt indéniable en matière d'ornithologie et de flore.
- On y a observé 270 espèces différentes d'oiseaux : - les gravelots, les cygnes tuberculés, les foulques macroules, les sternes, les fuligules milouins et morillons.

- On y trouve également (en botanique) des espèces rares et protégées : le chou marin, le pavot cornu.

--- depuis quelques années, la baie de Somme fait partie du "club des plus belles baies du monde" (comme la baie d'Along)

--- nous survolons les bancs de sable où les phoques se prélassent au soleil - Vus du ciel ce ne sont que des petites virgules au milieu de la baie --

les mollières et les mares (miroirs aux alouettes)

le petit port du Hourdel

les falaises, entre Ault et Mers-les-Bains
(elles font 80m de haut sur 6Km)

le chalet de Blanquetaque

à Port-le-Grand,
... sur la route du Crotoy et de St Valery, on a le regard attiré par cette maison isolée émergeant d'un écrin de verdure. Et, suivant l'éclairage, ce chalet de contes de fées, peut devenir une ombre menaçante, digne de "psychose", le film d'Hitchcock !

... des nuances de gris bleutés, réchauffées
par un rai de lumière blanche,
brutale et aveuglante ...

– Traversée de la Baie de Somme,
(au printemps, lors du Festival de
l'oiseau et de la nature)

départ du port du Hourdel
arrivée au cap Hornu

(la vue, depuis le phare du Hourdel) ↗

... en traversant la baie, on marche :
sur des "gisements" de coques, ...
dans les pas des
mouettes ...

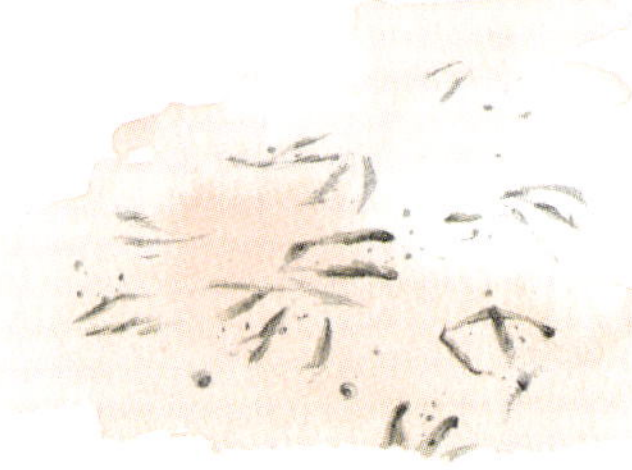

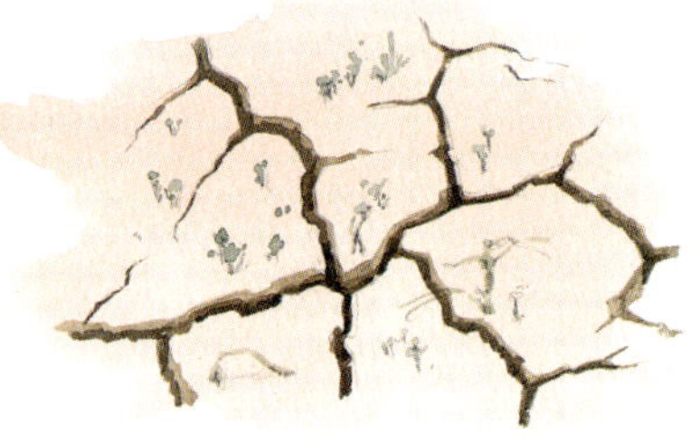

et sur une terre argileuse
(la slikke) molle
ou craquelée

... à l'arrivée au Cap Hornu

Yannick Delabye,
– notre "guide chasseur" nous raconte ses souvenirs
d'enfance avec son grand-père, dans la baie...
les longues heures d'attente, tapis dans la hutte, avec,
au bout du compte, peu de gibier, mais une très
forte complicité – !

méfiez-vous!
cela ressemble à des
canards, mais ce ne sont
pas des canards!
(du moins, pas des vrais)
les mêmes, vus
de près, ce sont
des "leurres" que l'on
appelle ici des "blettes"
"les Blettes"
(une tradition qui date
du milieu du 19e siècle)
elles sont devenues
des objets de collection
et ont été remplacées
par des leurres en
plastique

- une hutte de chasse flottante, faisant face à un plan d'eau sur lequel on posera quelques leurres tels que ceux-ci

(une blette de Souchet)

les moutons de prés-salés ou "agneaux de l'estran" pâturant dans les mollières -

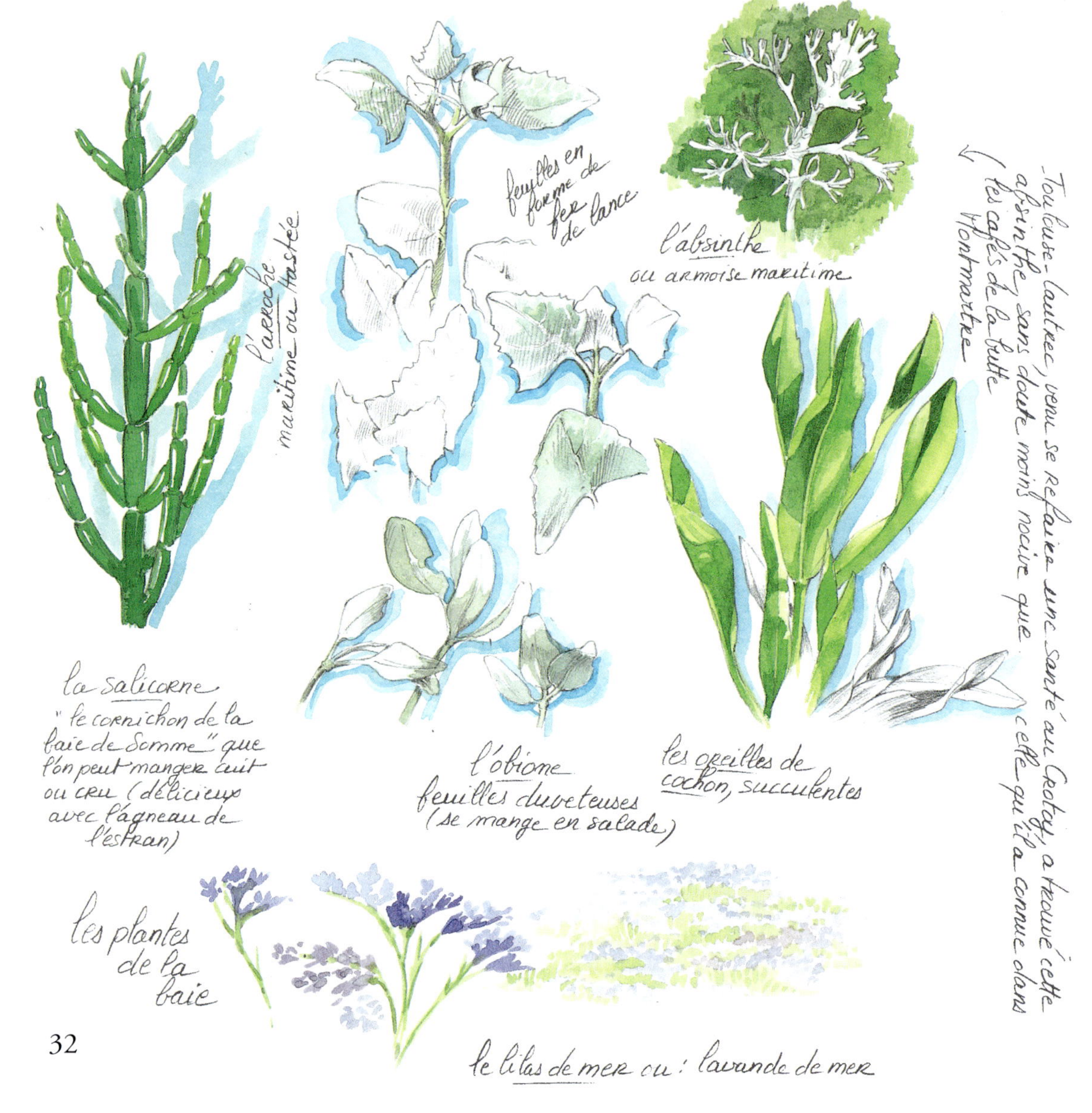
l'arroche
maritime ou hastée
feuilles en forme de fer de lance
l'absinthe
ou armoise maritime
Toulouse-Lautrec, venu se refaire une santé au Crotoy, a trouvé cette absinthe sans doute moins nocive que celle qu'il a connue dans les cafés de la butte Montmartre
la salicorne
"le cornichon de la baie de Somme" que l'on peut manger cuit ou cru (délicieux avec l'agneau de l'estran)
l'obione
feuilles duveteuses (se mange en salade)
les oreilles de cochon, succulentes
les plantes de la baie
le lilas de mer ou : lavande de mer

--- lors de ma deuxième traversée, en été, cette fois-
(St Valery → le Crotoy)

Jean-Michel Doliger, notre guide, prenant beaucoup de plaisir à nous parler des particularités du "lutraire" --- coquillage facétieux!

mes compagnons de traversée, compagnons d'un jour, en proie à quelques difficultés propres au terrain.
♪ dou-la gadoue la gadoue la gadoue ♪
ce cylindre est un outil pour "carotter" le sol et, ensuite étudier les petites bêtes (dont certaines ont les yeux bleus!) VRAI!
... la traversée réserve parfois quelques surprises... mais que de fous rires!

... l'arrivée au Crotoy,

les mollières (ou schorre)

... nous arrivons enfin sur la plage, au pied de l'"hôtel "les tourelles". Il domine la baie tel un phare visible de partout, un point de repère idéal pour les marcheurs.

Sur la plage du Crotoy

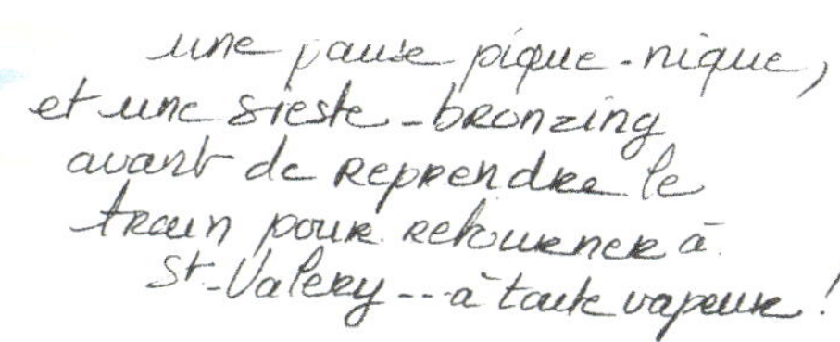
une pause pique-nique, et une sieste-bronzing avant de reprendre le train pour retourner à St-Valery ... à toute vapeur !

et, pendant ce moment de détente, je rêvasse et, je me souviens ... je me souviens de cette même plage, au début de l'automne dernier, c'était le jour de la "transhumance", l'époque où le troupeau quitte les terres du Marquenterre pour s'installer dans les prés-salés ... Je vais vous le raconter, oui mais en images ... →

... C'est le jour de la transhumance au Crotoy, et, en attendant l'arrivée du troupeau, j'ai eu tout le loisir d'observer les pêcheurs de "sauterelles", c'est le nom que l'on donne ici aux crevettes.

① On pêche

④ On trie toujours

⑦ On lave les filets

⑧ et on repart

sable
mer
sable
mer
② On pêche
③ On trie
⑤ On nettoie
⑥ On remballe
⑨
pour laisser
la place aux
mouettes qui se
régalent des restes...

... vous voyez ce point à l'horizon ?
ils sont arrivés de là-bas, du Marquenterre, dans un nuage de poussière (comme dans les meilleurs westerns !)

... après leur longue marche, ils n'ont plus qu'à s'installer dans ces prés où l'herbe a un goût si particulier.

Les prés-salés de la Morlay.

... mais fini de rêver, et revenons à nos moutons !

nous voici à St VALERY

l'église St Martin (avec ses damiers de silex) →

détail de l'église St Martin
la porte de Nevers
c'est un vrai plaisir de
déambuler dans les ruelles
de la vieille ville de
St Valery ---
- Une ville chargée
d'Histoire -
... face à cette
porte, est apposée
une plaque où
l'on peut lire :
"Jeanne d'Arc, prisonnière venant du
Crotoy fut conduite à St Valery en Décembre 1430"

" l'herbarium des remparts "
à St VALERY

(la créatrice du jardin)

Nicole Quilliot veille sur ce petit jardin clos où se mêlent les plantes ornementales, historiques, alimentaires, condimentaires ou médicinales.

- Un vrai " jardin de curé " qui était, en fait celui des religieuses de l'hôpital.

... Un plaisir à la fois pour les yeux, le nez et les papilles !

... et Nicole vous
expliquera et

vous fera goûter
ses plantes.

" à la maison de l'oiseau" à LANCHÈRES,

On assiste à un spectacle étonnant...

ici, une chouette vous transperce du regard,

*...là, le "Secrétaire serpentaire"
à la démarche nerveuse, rapide et saccadée
vous fait sourire,*

--- puis, ces rapaces qui vous frôlent de leurs ailes, donnent l'impression de prendre beaucoup de plaisir à vous effrayer.

la mer qui monte

la Somme qui descend

la pointe du HOURDEL
(en attendant Nico et Chloé, les deux phoques tout juste sevrés, prêts à être relâchés... on observe le ballet des Kayaks)

ici aussi, la mer monte à la vitesse d'un cheval au galop...

la vague se rapproche

la première vague, appelée "mascaret" gagne du terrain à une rapidité folle.

...Ce Kayak avançait difficilement à contre-courant là, il attend simplement "la vague" et il n'aura plus qu'à se laisser porter.

... Ça y'est, on va pouvoir assister au "lâcher de phoques"

① On apporte la caisse au bord de l'eau...

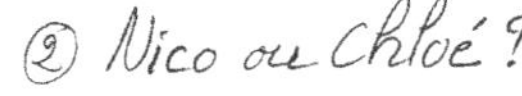

② Nico ou Chloé ?

③ et vive la liberté !

④ 1er contact avec la mer

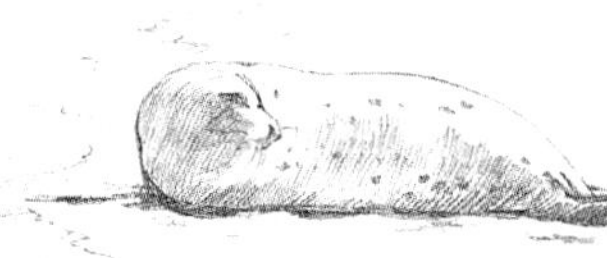

⑤ dernier regard à ses soigneurs

⑥ et au public venu nombreux

le Crotoy

⑦ Ce ne sont plus que 2 petits points dans la mer

(8) mais ils reviennent pour un dernier adieu !

stars.

(Nico et Chloé, deux bébés phoques orphelins, ont été recueillis, nourris et sevrés. Aujourd'hui c'est le grand jour car ils vont retrouver leur élément naturel.)

de vraies stars !

paysage sur la route du port du Hourdel

à Cayeux-sur-Mer,
on pêche, ou on ramasse des choses... très variées

---le ramassage de galets ronds, à CAYEUX
-utilisés pour la décoration intérieure et extérieure, la faïence, le carrelage etc---
(Rond mais pas bon, c'est un "Rouillet" et il peut déteindre sur les autres)
les galets ronds de Cayeux, d'une pureté exceptionnelle, sont exportés à 95% (en Asie, Italie, Espagne)
tas d'1 tonne = 25 paniers

On les utilise également dans les cylindres broyeurs, en pharmacie, et, pour la fabrication de papier abrasif -

- une manne pleine pèse 40 kg -

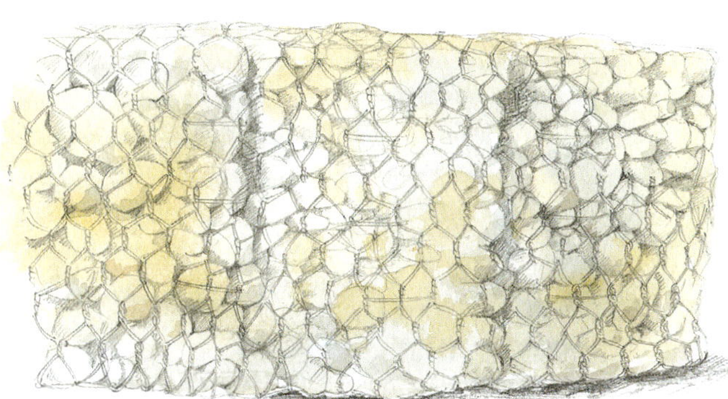

... Ces galets "empaquetés" ne sont pas une oeuvre de Cristo, mais un nouveau produit sur le marché (cela donne des murets très résistants !)

les cabines de
plage de CAYEUX,
un soir
d'été...
devant

derrière

Cayeux... adieu!

…lorsque l'on se promène au pied
des falaises d'Ault, on est étonné de
découvrir une véritable palette de couleurs.

mais, lorsque l'on s'en éloigne, leur blancheur redevient "éclatante"

le printemps dans le bois de CISE
(près d'Ault)
... des tapis d'anémones
des bois, et de
campanules

Mers-les-Bains, ou les "vestiges du passé"

— On passe si souvent près des choses sans les voir !

... et, ici, à Mers-les-Bains, plus qu'ailleurs, j'ai envie de flâner, de prendre le temps... d'admirer ces façades de la Belle Epoque regroupées en un îlot presque intact. Ici, pas de constructions parasites, une unité de style comme il n'en existe plus.

Malheureusement, certaines maisons souffrent de "vieillesse", et ont des allures de "beautés abandonnées" et le bruit de la mer toute proche ajoute une note à cette mélancolie.

les maisons de
Vers-les-Bains sont
très riches en motifs
floraux de style
art-déco
--- en relief,
- en mosaïque,
etc ...

... avec parfois,
en supplément,
un visage à
la "Mucha"

... il suffit de lever les yeux, chaque maison nous réservé une surprise ...

... à GAMACHES,
dans la vallée de la Bresle,
les anciennes carrières,
devenues étangs, sont un
vrai paradis pour les
chasseurs,
les pêcheurs,
et ! les aquarellistes !

une flottille
de canards
(leurres)

↖ une hutte de chasse

... dans l'église "St Etienne" de BOUTTENCOURT

- une magnifique poutre transversale ou "poutre de gloire", qui a dû faire rêver bien des générations d'enfants, pendant les longs sermons du Dimanche !

... et sur les côtés en levant les yeux de jolis "blochets" se succèdent tout le long de la nef centrale...

un château "épargné"---
-Charles, dit le "brave de Rambures"
sauva la vie d'Henri IV à la bataille d'Ivry (1590)
-En raison des hauts faits et de la fidélité de la famille,
ce château est un des rares à avoir échappé à la
destruction en vigueur à l'époque, pour affaiblir les seigneurs

"panique chez les oies" à St Germain sur Bresle

... lorsque je suis passée sur le pont et m'y suis arrêtée - Prises de panique (ou d'un élan de pudeur), elles ont vite regagné la rive à grands battements d'ailes, de sifflements, de cacardements, de criaillements ... etc ...

au manoir de CREUSE,

un toit qui vous "observe" ! une étonnante profusion d'oeils de boeuf et de lucarnes provoque cette impression.

... et, à quelques mètres de là, se trouve "la ferme d'antan". Inutile de donner des précisions, on devine qu'en poussant la barrière, c'est un retour en arrière de plusieurs décennies que l'on s'apprête à effectuer.

La Chaussée-Tirancourt - "SAMARA"

- un village préhistorique qui m'inspire un petit croquis sur le vif -

... dans les champs, près du site de SAMARA des vaches aux allures de yacks, ont elles aussi l'air d'appartenir à un autre âge

... il y a de belles balades
à faire à la Chaussée-Tirancourt
(comme ici, près de Samara)

--- à PICQUIGNY
les vaches ruminent paisiblement
insensibles à la valeur historique du lieu :

--- C'est en effet à cet endroit que l'on
a signé le traité qui a mis fin à la guerre de 100 ans
(traité signé entre Louis XI et Edouard IV
Roi d'Angleterre, le 29 Août 1475).

Rosalie ? Marguerite ?

- Nous n'avons pas eu le temps d'échanger nos prénoms, mais nous nous sommes regardées droit dans les yeux ... on entendait les mouches voler !

... Elle était si belle, en robe claire sur fond de ciel orageux que j'ai voulu en garder un souvenir -

"le prieuré d'AIRAINES"

(détail d'une belle porte en bois, délavée et usée par le temps)

... dans ce bel endroit éloigné de tout, se tiennent régulièrement des expositions de grande qualité. Mais ça n'est pas son seul intérêt.

dans l'église du prieuré

une cuve baptismale du XIe siècle (chef d'œuvre roman) →

dans le joli
petit village de
LONG
... ce superbe château
situé en plein
bourg.

--- C'est sur la place
du village, devant les
grilles du château que,
pour les feux de la St Jean,
l'on dresse un bûcher
d'une hauteur
impressionnante.
(le plus grand
du département)-
le clocheton
de
l'hôtel de ville

Mareuil-Caubert

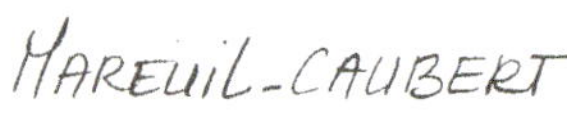

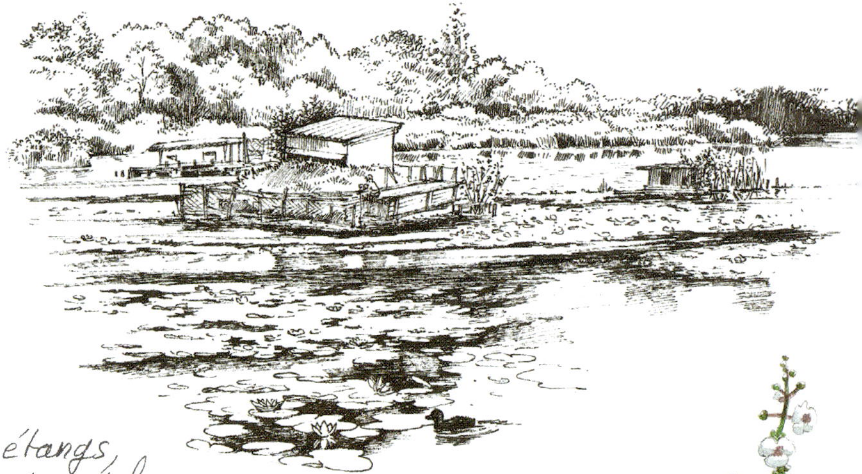

sur les étangs,
les cabanes de pêche
forment de petits îlots

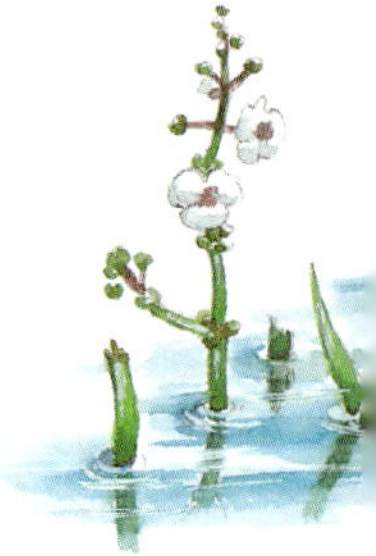

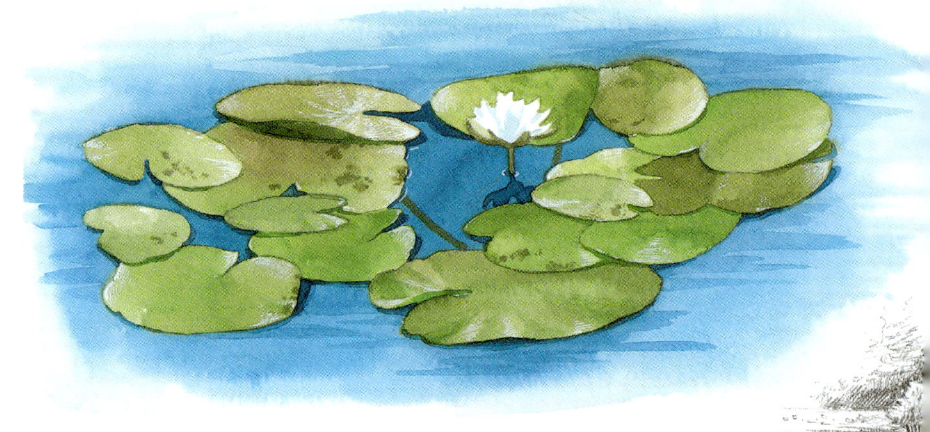

... et les canetons sautillent de nénuphars en nénuphars comme sur des pas japonais.

← au milieu de l'étang, une hutte de chasse...

RUE

– maison à pans de bois,
" Rue des Soufflets "
(l'une des plus anciennes de
ce type, dans le département)

- la chapelle du St Esprit est l'un des monuments les plus représentatifs du flamboyant picard (construite au XVe siècle)

ses voûtes à clefs pendantes

de la pierre sculptée en creux, d'une finesse extraordinaire

--- toujours à RUE !
le beffroi du XVe siècle

... au centre équestre de
St Quentin-en-Tourmont

- vous pouvez, (même si
vous êtes novice)
partir en balade sur
le dos d'un Henson -
Ce petit cheval doux
et docile est très
facile à monter -
Il a la robe "Isabelle",
couleur miel, et
l'extrémité des membres parfois zébrée.
C'est un cheval fin et élégant -

"le Henson"
est une race reconnue
depuis juin 2003 -

--- Couleurs d'automne au "parc du Marquenterre"
(Réserve naturelle de la baie de Somme)

--- c'est une étape importante sur la voie migratoire de plus de 300 espèces d'oiseaux.

On peut y observer : des aigrettes garzettes, des spatules blanches, des huîtriers-pies, des avocettes.

des canards ; pilets, chipeaux
souchets, des tadornes de belon,
des cigognes, des grèbes huppés, des
foulques ... etc... etc ---

Canard Souchet
bec en spatule dont les lamelles filtrent l'eau en retenant le plancton.
Canard Chipeau
Canard Pilet
Se nourrit de graines, de pousses de plantes aquatiques (qu'il peut aller chercher jusqu'à 38cm sous l'eau)
Canard Colvert

l'aigrette garzette
un oiseau gracieux et élégant.

un petit échassier
aux pattes
bleues.
l'avocette
tout en finesse et délicatesse.

... un 14 Juillet,
sur la plage
de QUEND

vol de mouettes sur la plage de Fort-Mahon

... la cathédrale gothique : "Notre-Dame" d'AMIENS
XIIIe siècle
(de style rayonnant)

- classée au patrimoine mondial de l'Unesco.

rue du quartier St Leu

... a su résister à la folie destructrice des hommes : d'abord aux révolutionnaires, (ici, aucune tête décapitée) – la statuaire, d'une richesse impressionnante est restée intacte.

Puis elle fut également épargnée par les bombardements de la guerre, alors que tout autour, la ville n'était que ruines !

– détail des voussures du portail du "Beau-Dieu"

la nef

(vue du Triforium)

--- C'est de cet endroit que l'on mesure la beauté du pavement d'un graphisme varié, une géométrie en noir et blanc -

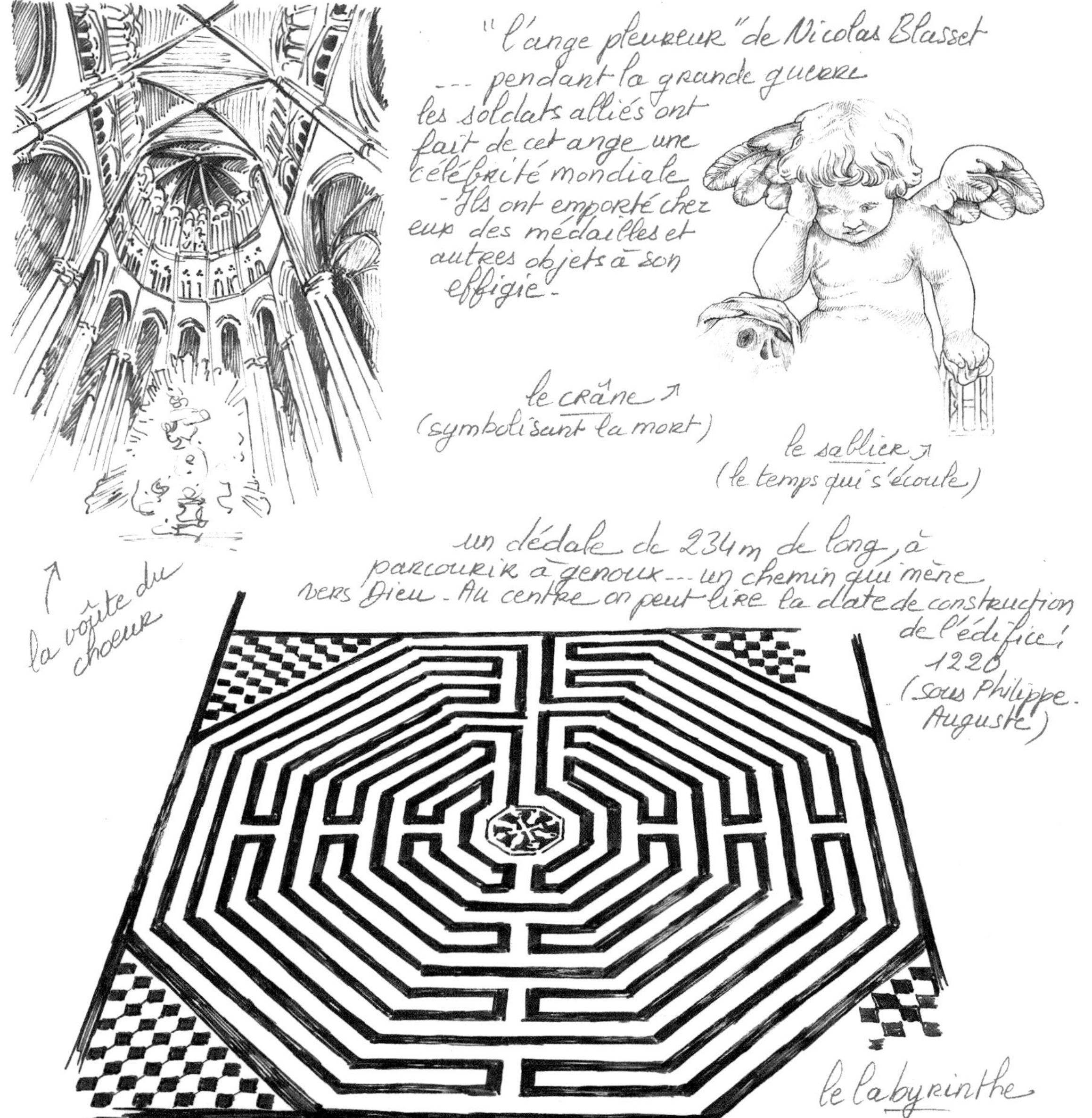
"l'ange pleureur" de Nicolas Blasset
... pendant la grande guerre
les soldats alliés ont
fait de cet ange une
célébrité mondiale
- Ils ont emporté chez
eux des médailles et
autres objets à son
effigie -
le crâne ↗
(symbolisant la mort)
le sablier ↗
(le temps qui s'écoule)
↑
la voûte du
choeur
un dédale de 234m de long, à
parcourir à genoux ... un chemin qui mène
vers Dieu - Au centre on peut lire la date de construction
de l'édifice :
1220
(sous Philippe-
Auguste)
le labyrinthe

Mon coup de coeur →

cette fresque à peine visible rendue discrète par ses teintes douces et le passage du temps.

... détail des "Sibylles" (1506)
(près de la salle du trésor)

... les appuie-mains des Stalles (qui ont été exécutées entre 1508 et 1519) il y en a 116, 3400 personnages sculptés. Ici, "les gens de métiers."

le charpentier

l'apothicaire

le gendarme

chimère, située à
la base de la
flèche.
masque
on peut voir :
(st Firmin (évêque
d'Amiens),
le christ bénissant,
st Pierre,
st Jean-Baptiste
couronne
fleurdelysée
st Jacques de
Compostelle
de style flamboyant (à
l'origine elle supportait
71 tonnes de plomb!)
const. (1529-1533)
base de la flèche

l'hôtel particulier "BOUCTOT-VAGNIEZ
(construit de 1909 à 1911)
... pour un couple fortuné,
alliance de la finance
et du textile..
détail d'architecture
(sont-ce des roses de Picardie ?)

- une réalisation de l'architecte Louis-Duthoit, issu d'une lignée d'artistes qui a profondément marqué la vie artistique picarde

Tous ces oiseaux qui nichent, prennent une autre dimension lorsque l'on sait que c'était un couple en mal d'enfant...

Roses en bronze, sur boiseries.

boiseries - hortensias (dans le salon d'honneur)

mes coups de cœur,
au "musée de Picardie"

cette jolie Marie-Madeleine

et,
"la fin du rêve" (1889)
de Jean Dampt

le cirque municipal
(inauguré le 23 juin 1889)
c'est Jules Verne qui a veillé à l'édification du cirque.
... (il a été élu au conseil municipal, il a fait 4 mandats de 4 ans.)
... après 1 an de restauration intérieure, le cirque vient de rouvrir ses portes, vous y verrez la charpente métallique apparente et rayonnante d'Emile Ricquier (un émule de Gustave Eiffel) qui est maintenant mise en valeur par une coupole très colorée un mariage de rouge, bleu et blanc (œuvre d'Ernst CARAMELLE)
... un pari osé ! un pari gagné !!! c'est SUPERBE !
CIRQUE MUNICIPAL

... et, au 2 rue Charles Dubois

la maison de
JULES VERNE

… et, dans ce lieu chargé d'histoire, les héros de ses oeuvres reprennent vie, le temps d'une soirée.

Vous aussi, vous pouvez participer à la fête, et revenir plus d'un siècle en arrière.

… on vous habille, on vous maquille, à vous de vous amuser et de ressentir toute l'atmosphère du lieu !

Jules Verne,
et sa femme Honorine, vous accueillent...

"les chés Cabotans"
→ c'est le théâtre de marionnettes traditionnelles à tringle et à fils. (marionnettes en bois)
LAFLEUR
un héros populaire, parlant le pur "picard", et réglant ses comptes et ses colères à coups de pied.
... une tradition locale bicentenaire
Même sans connaître le "picard", on arrive à comprendre la ... presque majorité des dialogues.
les mots sont parfois très imagés !
ex : se marier = s'appareiller

chaussée "Jules Ferry" (au cœur du quartier anglais)

- la rue de "Metz l'Evêque"

(près de la cathédrale et de la place St Michel)

– quartier St Leu –

le quai Bélu,

anciennement "quai de la queue de vache"

--- de ces trois murs, lequel résistera le plus longtemps ?

- les murs en "torchis," hélas, nous révèlent leurs secrets dessous !

--- les toits d'Amiens.

les Hortillonnages

(un immense jardin aquatique au coeur de la ville !)

... la barque à cornet, bien chargée, ce petit hortillon va, avec ses parents vendre ses fleurs et ses légumes place Parmentier, près du quai Belu.

... dans les hortillonnages, "les gondoliers" amiénois n'ont rien à envier à ceux de Venise.
- leurs "barques à cornet" se prêtent tout autant aux balades romantiques.

... et au détour
d'un chemin ... enfin,
d'un "rieu"
Rieux = petits canaux

– le cimetière de la Madeleine –
- - - j'aime m'y promener, comme dans un jardin, un jardin terri-blement romantique
ici, rien ne bouge, les tombes "prennent la pose"!

le tombeau de Jules Verne, du sculpteur Albert ROZE

Jules VERNE

quelques fleurs des champs déposées là, en toute simplicité, ici,

– ces petites croix de bois nous rappellent les 250 victimes civiles des bombardements de 1944 (dont le père de Raymonde)

Raymonde Gillman

Dans le cimetière de la Madeleine, une bonne fée veille… mais, ne vous y trompez pas, elle est très active et, c'est sans baguette magique qu'elle oeuvre pour la sauvegarde de son cher cimetière…

accordons lui une minute, le temps de reprendre son souffle, sur le tombeau de Jules Verne…

"Nature berce les chaudement, ils ont froid"

les sépultures anciennes,
englouties sous une végétation luxuriante
n'engendrent pas la mélancolie - C'est un lieu qui, au
contraire, apaise la tristesse, calme et réconforte.

... la cité souterraine de NAOURS
" les muches "
- les villageois creusèrent le sol pour se terrer lors des invasions Normandes du IXe siècle (se mucher = se cacher)
(à 30m sous terre)
moulins sur la colline, au dessus des grottes.
3000 personnes pouvaient s'y abriter (la plus longue occupation a duré 3 mois) - Pour ne pas être repérés, les conduits de fumée débouchaient au niveau des maisons situées à l'aplomb des souterrains -
- les galeries et les chambres se succèdent les salles communes (avec four à pain) les églises! et les étables!

- BOVES -
... un héron "poseur"
cela existe, je l'ai
rencontré et approché !
... contrairement à ses congénères, celui-ci n'est
pas farouche ...
et, comme ces oiseaux là ont leur territoire
et leurs habitudes,
je pense revenir et
le retrouver à
cette même place
afin de
le "croquer"
de nouveau -

... sur la route, l'orage menace.

– comment dit-on « au secours » en picard ?
" le château Delacour "
(construit en 1889)
--- un jour, en passant
à Villers-Bretonneux, ce
fut le choc !
Imaginez, en plein cœur de la
ville, et plantée là, au milieu
d'un champ, cette SUPERBE ruine
--- je me suis approchée
et, en voyant ces belles
pierres ouvragées, en
équilibre précaire et à
la merci de la tempête
venue, j'ai voulu (avant
qu'il ne soit trop tard)
les fixer à tout
jamais, à la fois
sur pellicule,
sur papier, et...
dans ma
mémoire !

à Villers-Bretonneux

« ce fut »... un heureux mélange de néo-gothique et de néo-renaissance -

...mais j'ai, hélas ! appris depuis, que ce ne seront peut-être pas les éléments naturels qui auront raison de ces vestiges !

Lamotte-Warfusée
et son église de la "Reconstruction"
elle est originale par son architecture et surtout, par son clocher ajouré (en béton armé !)
de la "dentelle" de béton !

CORBIE

l'abbatiale, vue de dos

l'arrière de l'hôtel des impôts →

 ... entre Corbie et Vaux-sur-Somme

le clocher de
VAUX-SUR-SOMME

avec son
"coq punk"
au bec d'albatros,
la crête
en désordre -
(l'altitude, ça
décoiffe !)

Eclusier-Vaux

... les étangs, vus du belvédère N.D de Vaux un spectacle saisissant ! à vous couper le souffle, aussi bien dans la lumière douce du matin, que celle plus crue de la mi-journée ou les teintes chaudes du soir, au coucher du soleil.

… ne les quittons pas si vite, les étangs de la haute Somme…

le château de SUZANNE

... les coups de coeur se succèdent !

le pigeonnier de la ferme du château

... faisons maintenant la visite des sites importants du "circuit du souvenir" de la 1ère guerre mondiale, et, commençons par le beau musée de

PÉRONNE ;

"l'Historial de la Grande-Guerre"

tours datant de la fin du 12e siècle

HISTORIAL DE LA GRANDE GUERRE

derrière

devant

... ici sont représentés les principaux protagonistes ; la France, l'Allemagne, le Royaume-Uni

- Un musée riche en documents de toutes sortes, affiches, tableaux, films, photos, uniformes, objets du quotidien, aussi bien civils que militaires

... il abrite également une superbe collection d'eaux-fortes d'OTTO-DIX qui a su si bien exprimer la noirceur de la guerre.

* en 1914 le pantalon de l'uniforme français était rouge, donc trop voyant, ce fut l'hécatombe, mais en Mars-Avril 1915, est apparu l'uniforme "bleu-horizon", et le casque remplacera le képi.

... dans les vitrines, on peut détailler les uniformes des soldats des différents corps d'armée.

uniforme Australien

tirailleur Algérien

uniforme Indien

- ALBERT -

Notre-Dame de Brebières
(décoration intérieure très riche en fresques et mosaïques)

- Albert possède également un musée "Somme 1916" qui retrace la vie des soldats dans les tranchées (ce musée est situé dans un souterrain de 230 m)

l'ensemble de la basilique a été fortement endommagé.

elle fut reconstruite à l'identique (en style néo-byzantin) entre 1927 et 1929

En janvier 1915, un obus allemand toucha le clocher - la "vierge dorée" resta suspendue ainsi à l'horizontale jusqu'en 1918.

à Pozières

au café "le tommy" des soldats en celluloïd montent la garde -

... et leur sourire irrésistible est une invitation à rentrer -

à signaler un salon de thé très sympa, et tenu par de vrais anglais " l'Ocean villas" c'est ainsi que les soldats britanniques prononçaient le nom du village où il est situé : AUCHAVILLERS-

--- Ici aussi, il y a des tranchées, mais des vraies, remises au jour par des archéologues.

THIEPVAL
mémorial britannique
Sur ce monument sont gravés les noms d'officiers, de soldats britanniques et de Sud-africains, disparus ou qui n'ont pû être identifiés (depuis 1915 jusqu'à Mars 1918)
1914 1918
une couronne de "popies" (symbole du souvenir) rouge Rouge Rouge (sang et fleurs mêlés)
In Remembrance
d'un côté, les soldats britanniques
de l'autre les soldats français
INCONNU
INCONNU

Il y a encore de nos jours, (90 ans plus tard) beaucoup de britanniques qui viennent se recueillir sur ces lieux de mémoire... Il faut préciser que les "morts au combat" de l'empire d'alors, n'étaient pas rapatriés.

autre mémorial :
la tour de l'ULSTER
(réplique exacte d'une tour située à Belfast)

un nombre identique de tombes, d'un côté comme de l'autre

BEAUMONT-HAMEL

– Terre-Neuve était, à l'époque de la guerre, une colonie britannique et avait levé une armée de volontaires.

(de la table d'orientation, une vue d'ensemble du champ de bataille, permet la compréhension du système de tranchées.

Sur ce terrain eut lieu l'action la plus meurtrière de l'offensive de la Somme (proportionnellement aux effectifs engagés) – le 1er juillet 1916 à 9h, ils étaient environ 600... 1/2 heure plus tard, ils n'étaient plus que 68 valides !

... devant la douceur de ce
paysage, peut-on
imaginer ce même
terrain, un soir
de Juillet 1916, labouré
par les obus et la
mitraille ... et
jonché de centaines de
cadavres,
de corps mutilés.

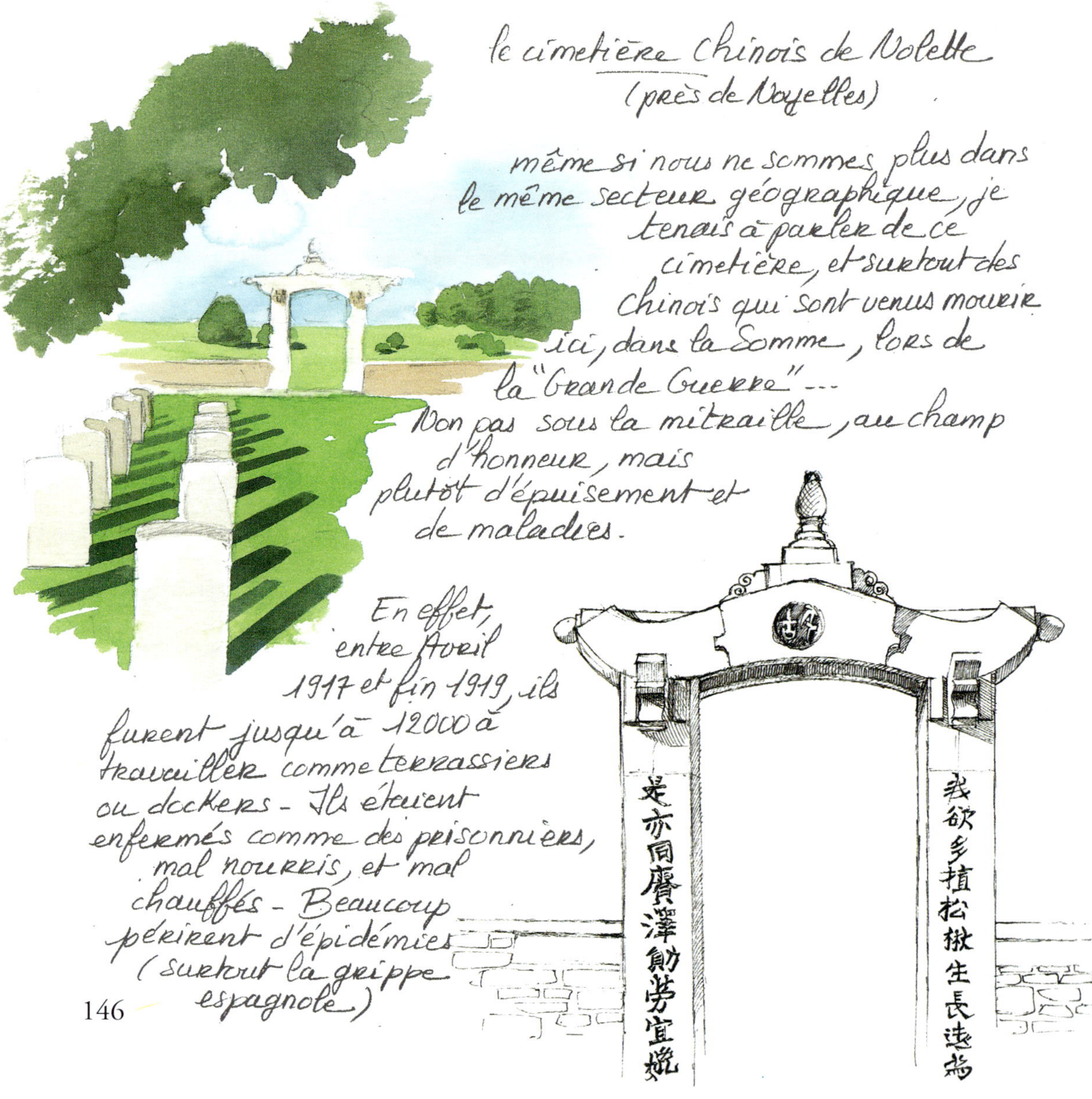

le cimetière Chinois de Nolette
(près de Noyelles)

même si nous ne sommes plus dans le même secteur géographique, je tenais à parler de ce cimetière, et surtout des chinois qui sont venus mourir ici, dans la Somme, lors de la "Grande Guerre"... Non pas sous la mitraille, au champ d'honneur, mais plutôt d'épuisement et de maladies.

En effet, entre Avril 1917 et fin 1919, ils furent jusqu'à 12000 à travailler comme terrassiers ou dockers - Ils étaient enfermés comme des prisonniers, mal nourris, et mal chauffés - Beaucoup périrent d'épidémies (surtout la grippe espagnole)

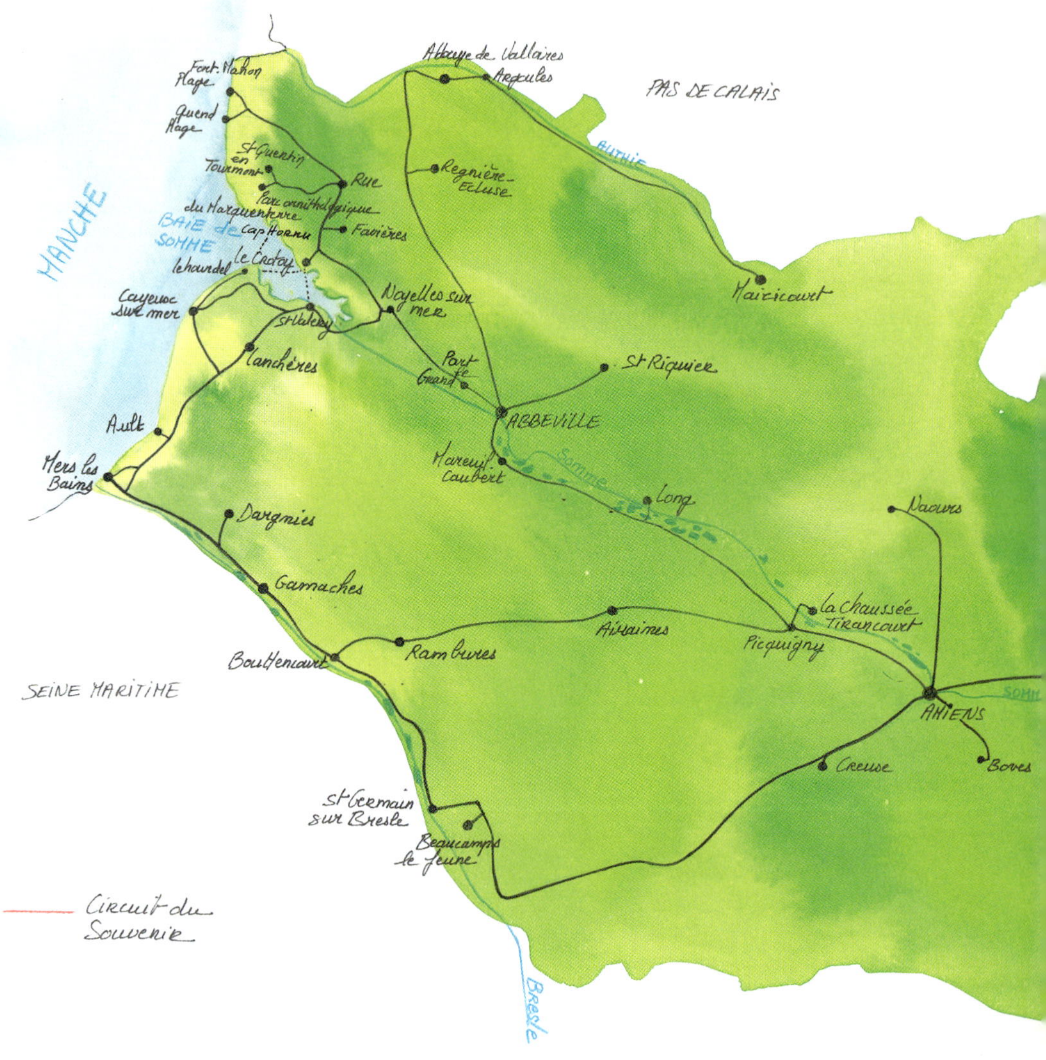
MANCHE
BAIE de SOMME
PAS DE CALAIS
Fort Mahon Plage
Quend Plage
St Quentin en Tourmont
Rue
Parc ornithologique du Marquenterre
Cap Hornu
Favières
Le Crotoy
lehourdel
Cayeux sur mer
St Valery
Noyelles sur mer
Abbaye de Vallaires
Argoules
Regnière-Ecluse
AUTHIE
Maizicourt
St Riquier
Port le Grand
Lanchères
Ault
Mers les Bains
ABBEVILLE
Mareuil Caubert
Somme
Long
Dargnies
Gamaches
Naours
La Chaussée Tirancourt
Airaines
Picquigny
Bouttencourt
Rambures
SEINE MARITIME
AMIENS
SOMME
Creuse
Boves
St Germain sur Bresle
Beaucamps le Jeune
Bresle
Circuit du Souvenir
OISE

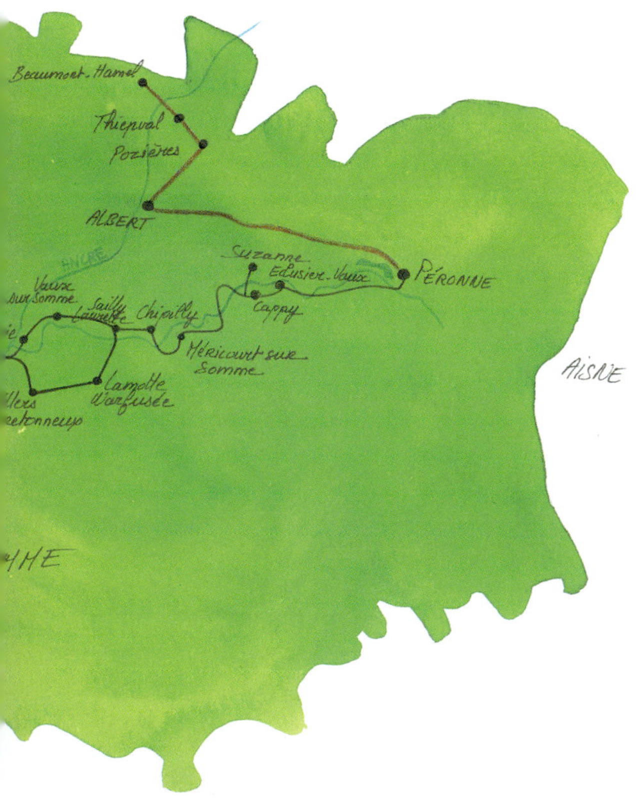
Beaumont-Hamel
Thiepval
Pozières
ALBERT
ANCRE
Suzanne
Eclusier-Vaux
PÉRONNE
Vaux sur Somme
Sailly Laurette
Chipilly
Cappy
Méricourt sur Somme
Lamotte Warfusée
AISNE

DANS LES COLLECTIONS

CARRÉS DE FRANCE

– *Le Gers « Chemins de traverse »*, textes et illustrations de Patrice Hyver.
– *Le Gers « Chemins de mémoires »*, textes et illustrations de Patrice Hyver.
– *Arcachon, ses villas, son bassin, ses escales*, textes et illustrations de Patrice Hyver.
– *L'Auvergne & le Massif Central : Cantal, Limousin, Creuse, Aveyron,* textes et illustrations de Lizzie Napoli.
– *Le costume auvergnat et bourbonnais*, illustrations de Victor Lhuer.
– *Costumes, mœurs et légendes de Savoie*, textes et illustrations d'Estella Canziani.
– *La Haute-Savoie, promenades littéraires dans les Alpes*, aquarelles d'Isabelle Scheibli.
– *La Savoie, promenades littéraires dans les Alpes*, aquarelles d'Isabelle Scheibli.
– *Les Pyrénées de la vallée d'Aspe au Luchonnais*, textes et illustrations de Patrice Hyver.
– *Le Val de Loire, d'Orléans à Chinon*, textes et aquarelles de Michel Duvoisin.
– *Au fil de l'eau : la Charente-Maritime*, textes et illustrations de Pascaline Mitaranga.
– *Le Pays Basque, carnet de mots et d'images*, textes et illustrations de Jean Marie Drouet.
– *La Bourgogne, de villages en vignobles,* textes et illustrations de Michel Duvoisin.
– *Bonheurs et misères des petis canotes,* textes et illustrations de Jean-Nicolas Cornélius.
– *Balades en terres Cathares,* textes et illustrations de Patrice Hyver.
– *Escales en Pays Basque,* textes et illustrations de Patrice Hyver.
– *La Somme & sa baie*, textes et illustrations de Noëlle Le Guillouzic.

CARRÉS DE BRETAGNE

– *Carnets de Bretagne. Balade à travers l'Armor et l'Argoat*, textes et illustrations Marie Le Glatin-Keis.
– *En Bretagne*, Lizzie Napoli.
– *Marines de Bretagne, la côte de Saint-Malo au golfe du Morbihan*, textes et illustrations Patrice Hyver.
– *Les costumes bretons*, illustrations de Victor Lhuer.
– *Entre Loire & Atlantique*, illustrations de Denis Clavreul.
– *Phares Bretons*, illustrations de Denis Clavreul.
– *Phares & feux de Bretagne, L'ami du Marin*, textes et aquarelles de Padraig Creston.
– *Phares & feux de Bretagne, Cap au Sud*, textes et aquarelles de Padraig Creston.
– *Coiffes et costumes de Bretagne*, peintures de Marc di Napoli, textes de Yves-Pascal Castel.
– *Couleurs, Nuances, Bretagne,* photos de Claude Rannou, textes de Jacques Rouré.

CARRÉS DE PROVENCE

– *En Provence, d'un village à l'autre*, textes et illustrations de Lizzie Napoli (version brochée et version reliée toilée).
– *Portes en Provence*, dessins de Jean-Claude Bernys, textes de Marcel Béalu.
– *Pays et Paysages de Provence*, textes et illustrations de Patrice Hyver.
– *Ports & Marines, fêtes nautiques en Méditerranée*, illustrations d'Alain Goudot.
– *Si j'avais un mas en Provence*, textes et illustrations de Lizzie Napoli (version brochée et version reliée toilée).
– *If I had a mas in Provence*, textes et illustrations de Lizzie Napoli (version en anglais).
– *Le Nord Luberon, villages & paysages,* textes et illustrations de Frédéric Médina.
– *Les Monts de Vaucluse, Pays de Sorgue, Pays de Gordes, Pays de Sault*, textes et illustrations de Frédéric Médina.
– *Carnet de transhumance, des plaines varoises aux Alpes du Sud*, textes et illustration de Fabian Grégoire.
– *La Provence de Jean Giono*, textes et illustrations de Denis Clavreul.

Achevé d'imprimer en mars 2004
sur les presses de l'imprimerie Grafiche Zanini, Bologne (Italie)

Photogravure : Arlequin - Manosque - Mise en page : Atelier EquiPage - Marseille